Dark Fantasy

Adult Coloring Book

by
Tabz Jones

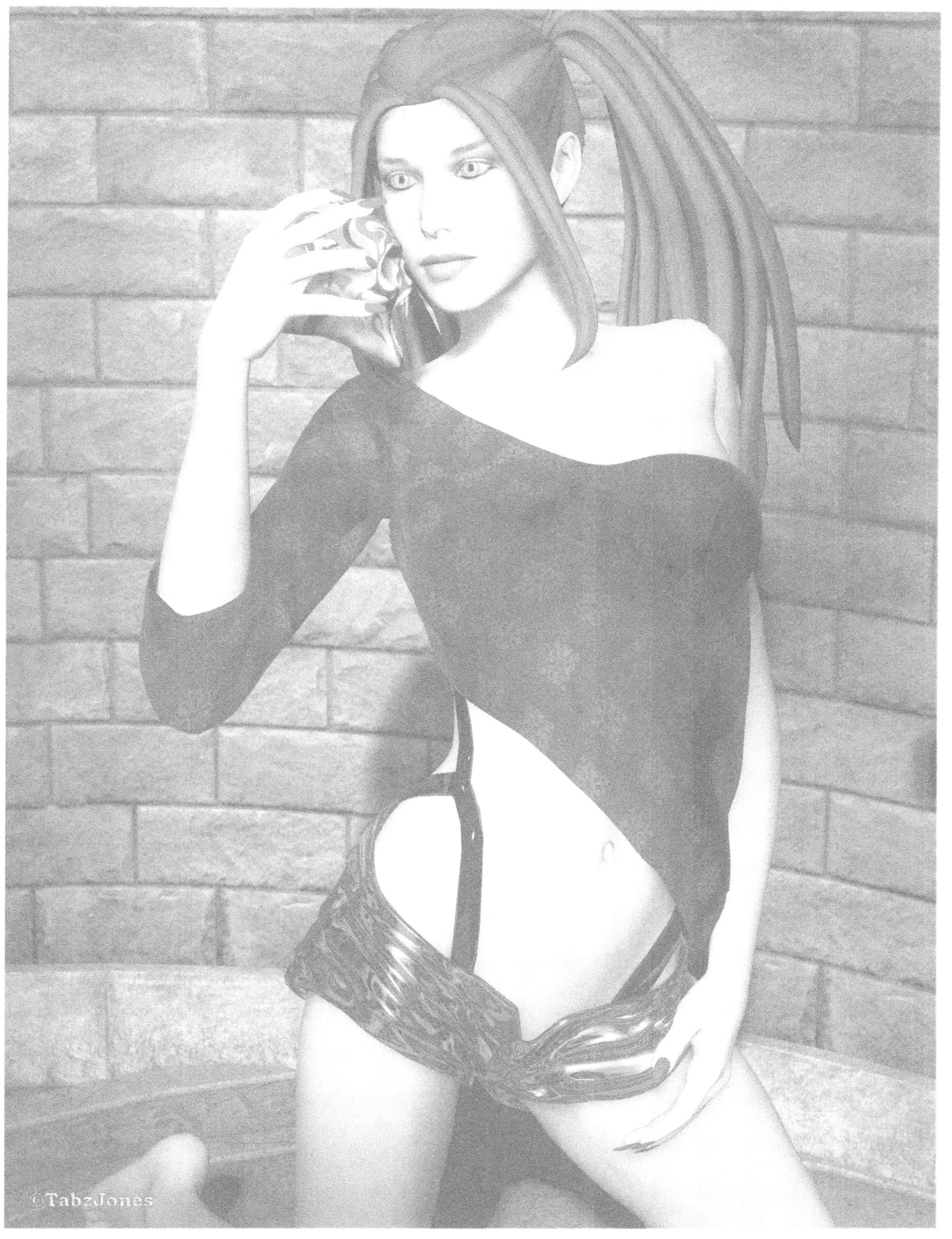
©TabzJones

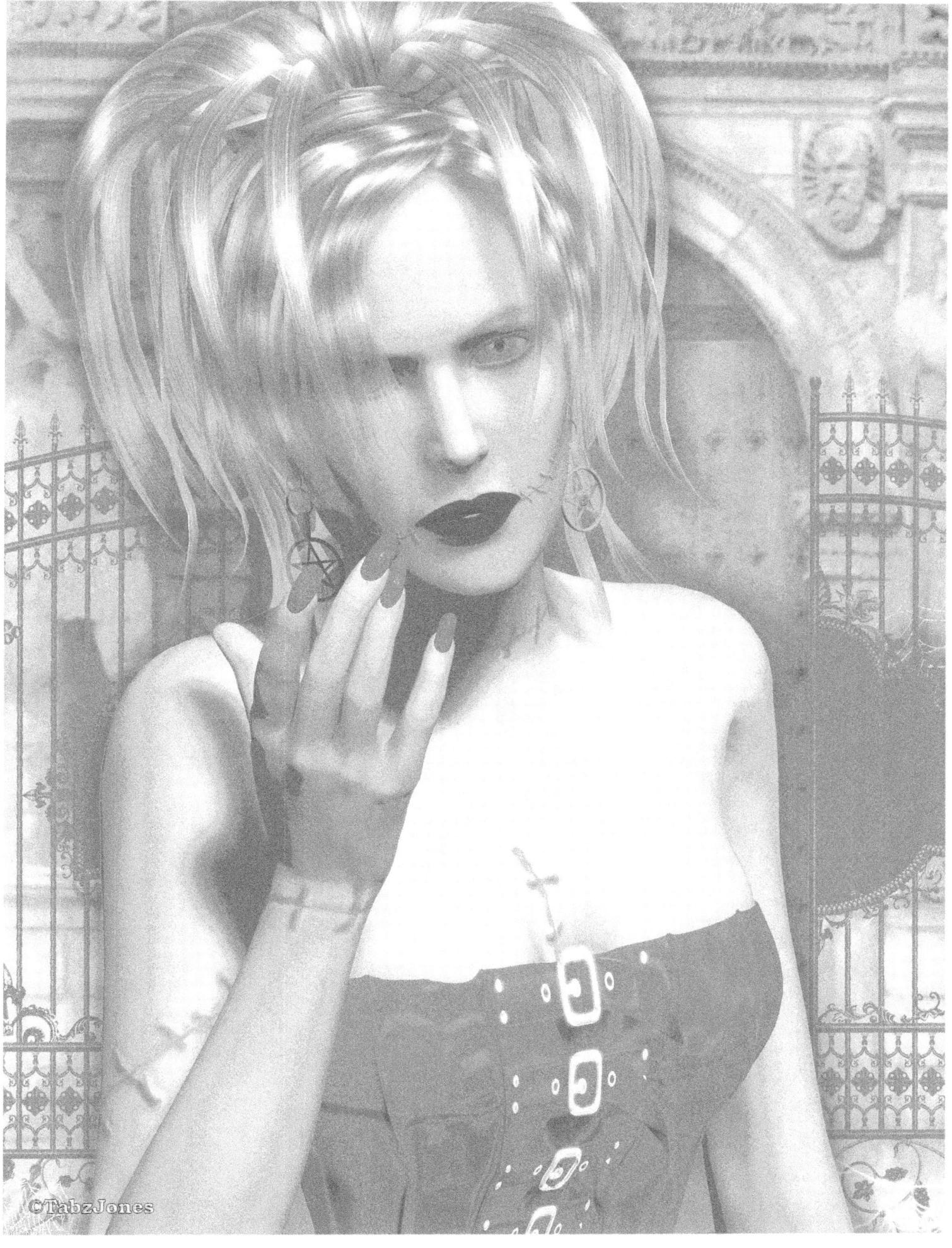

©TabzJones

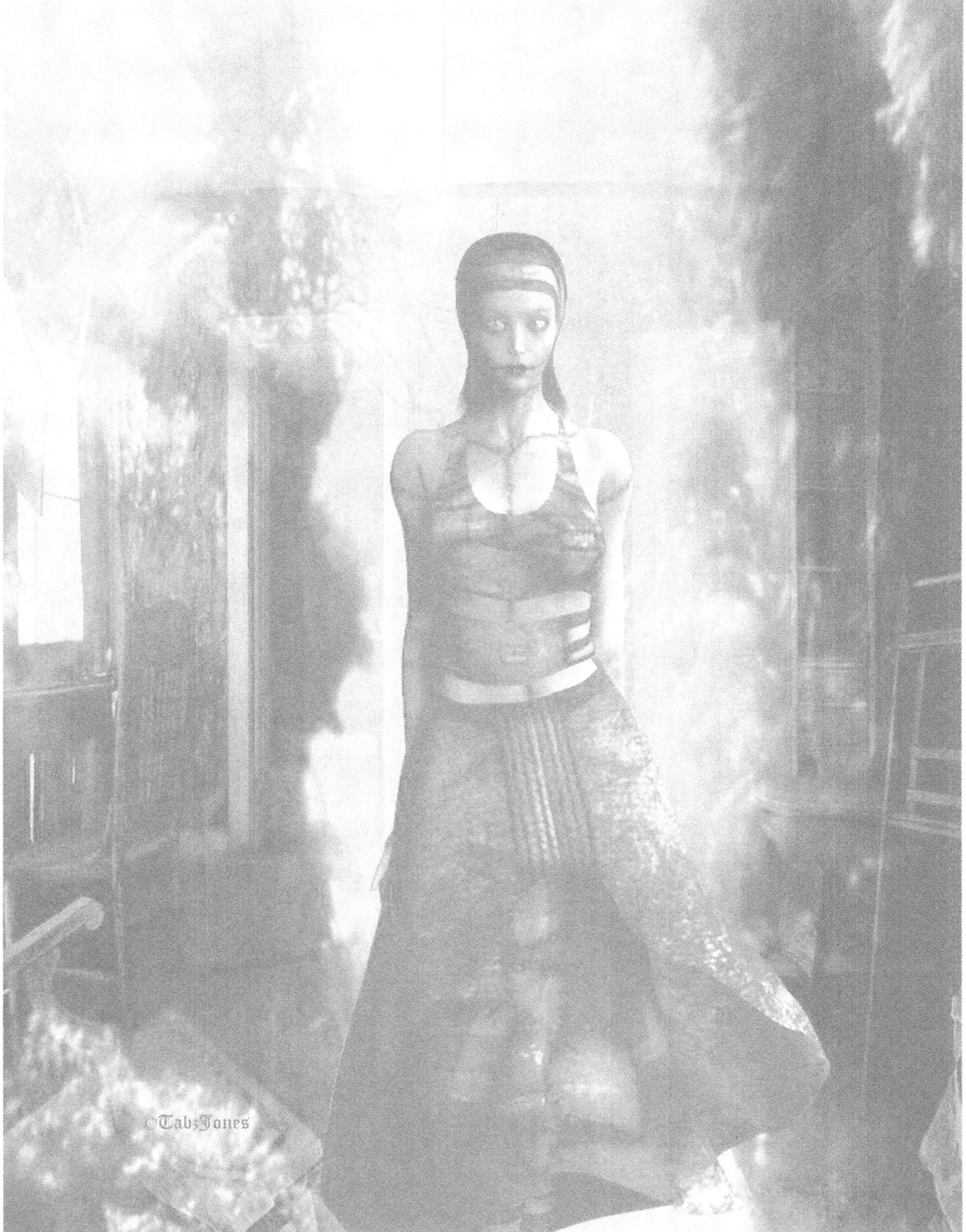

©Tab:Jones

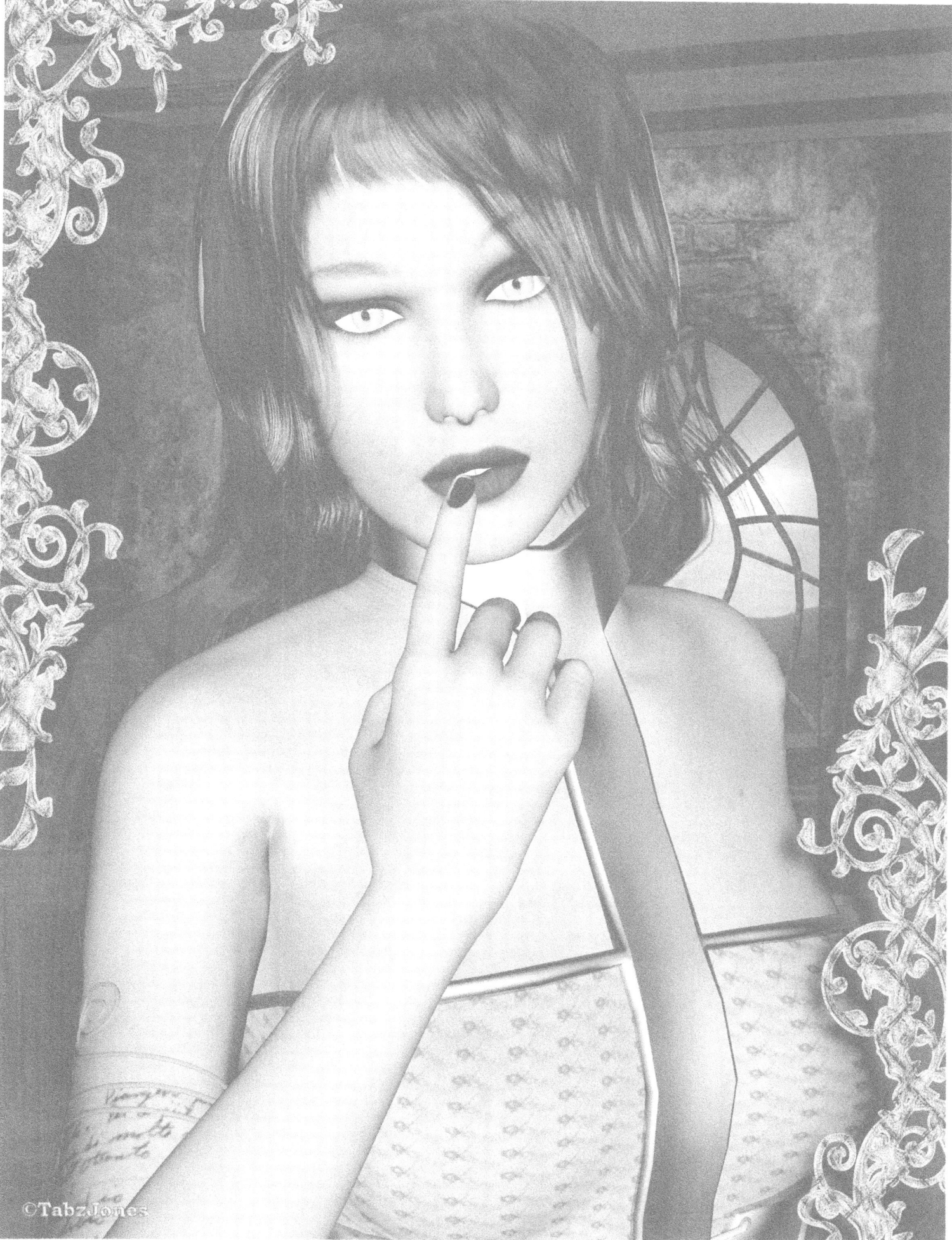

©TabzJones

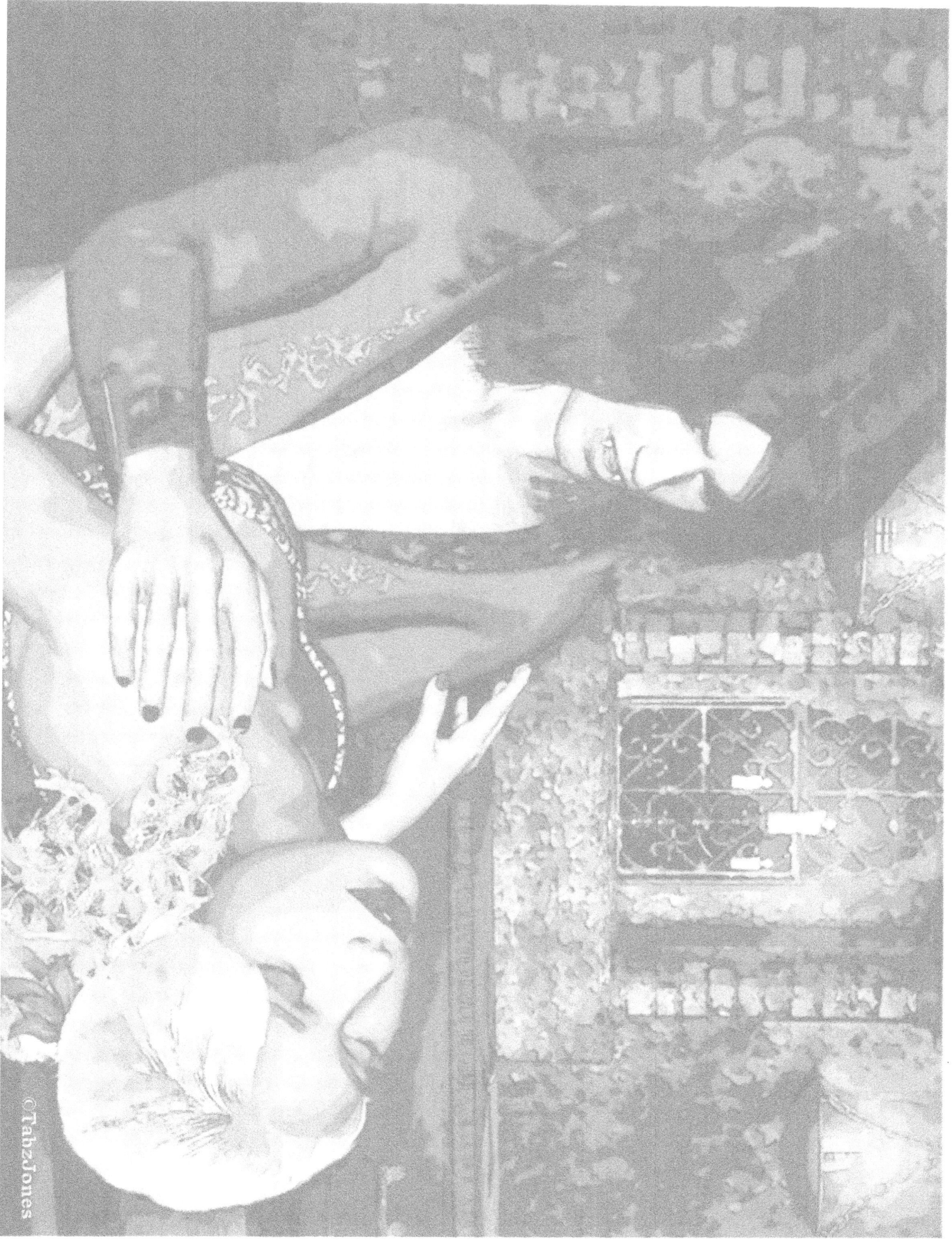

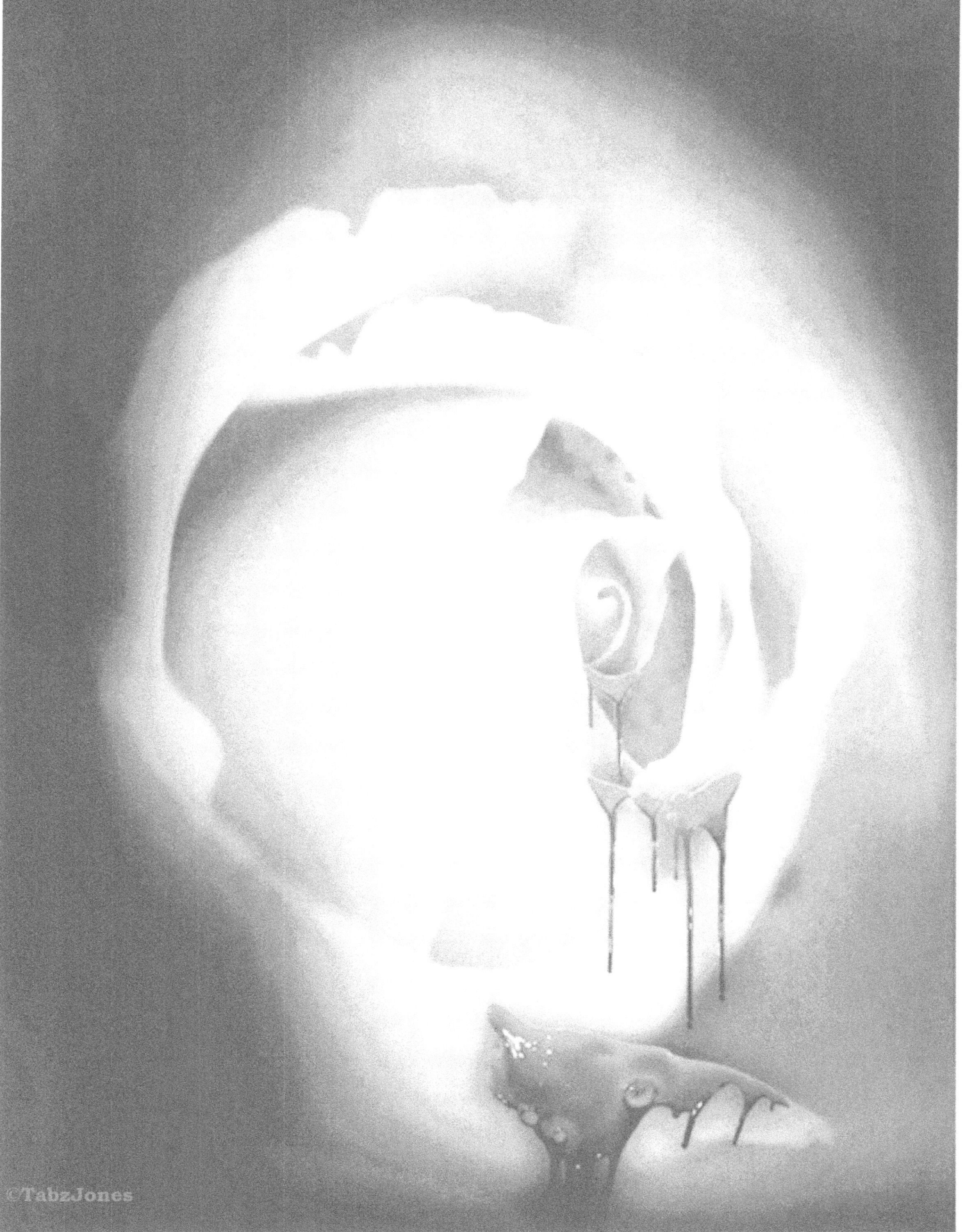

©TabzJones

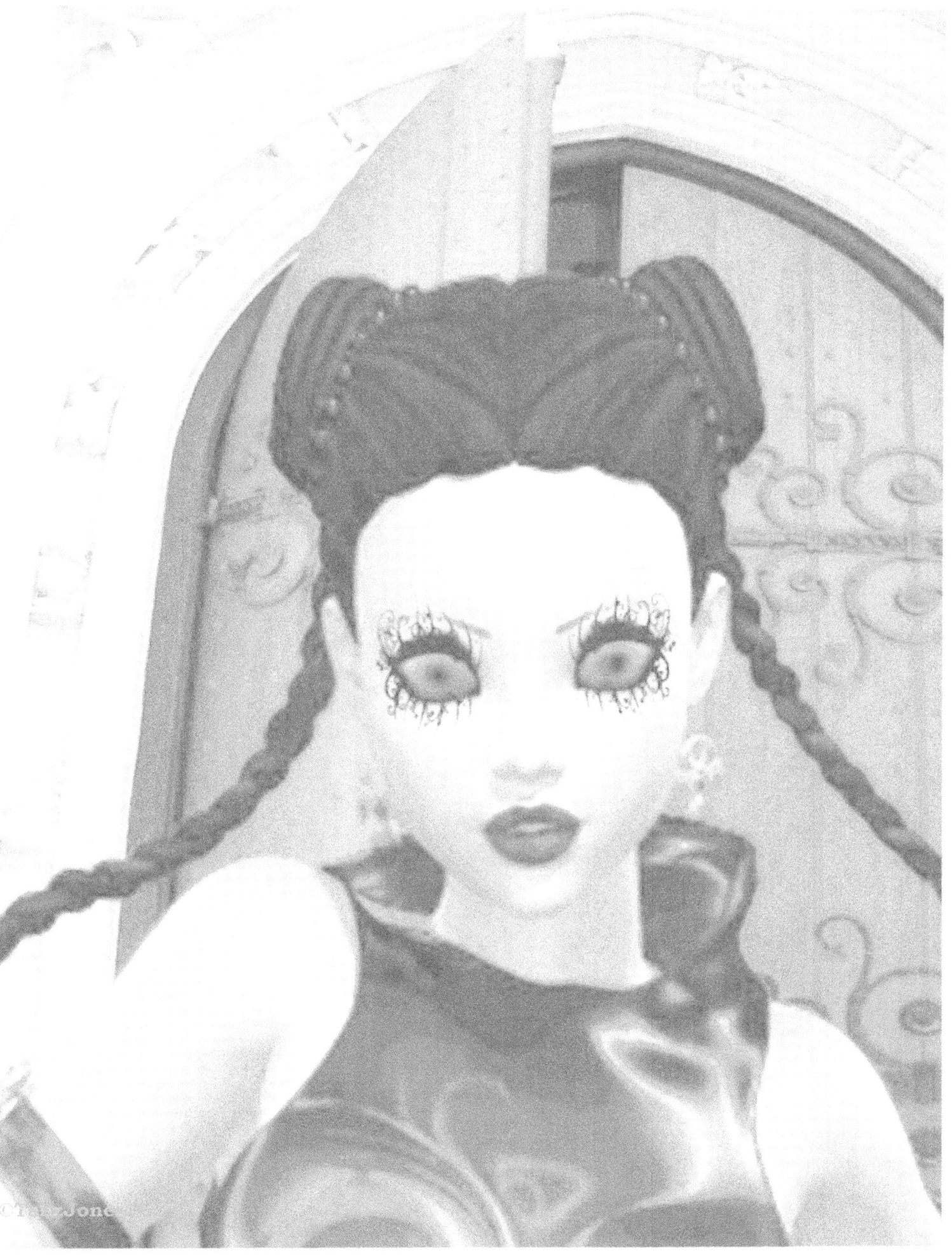

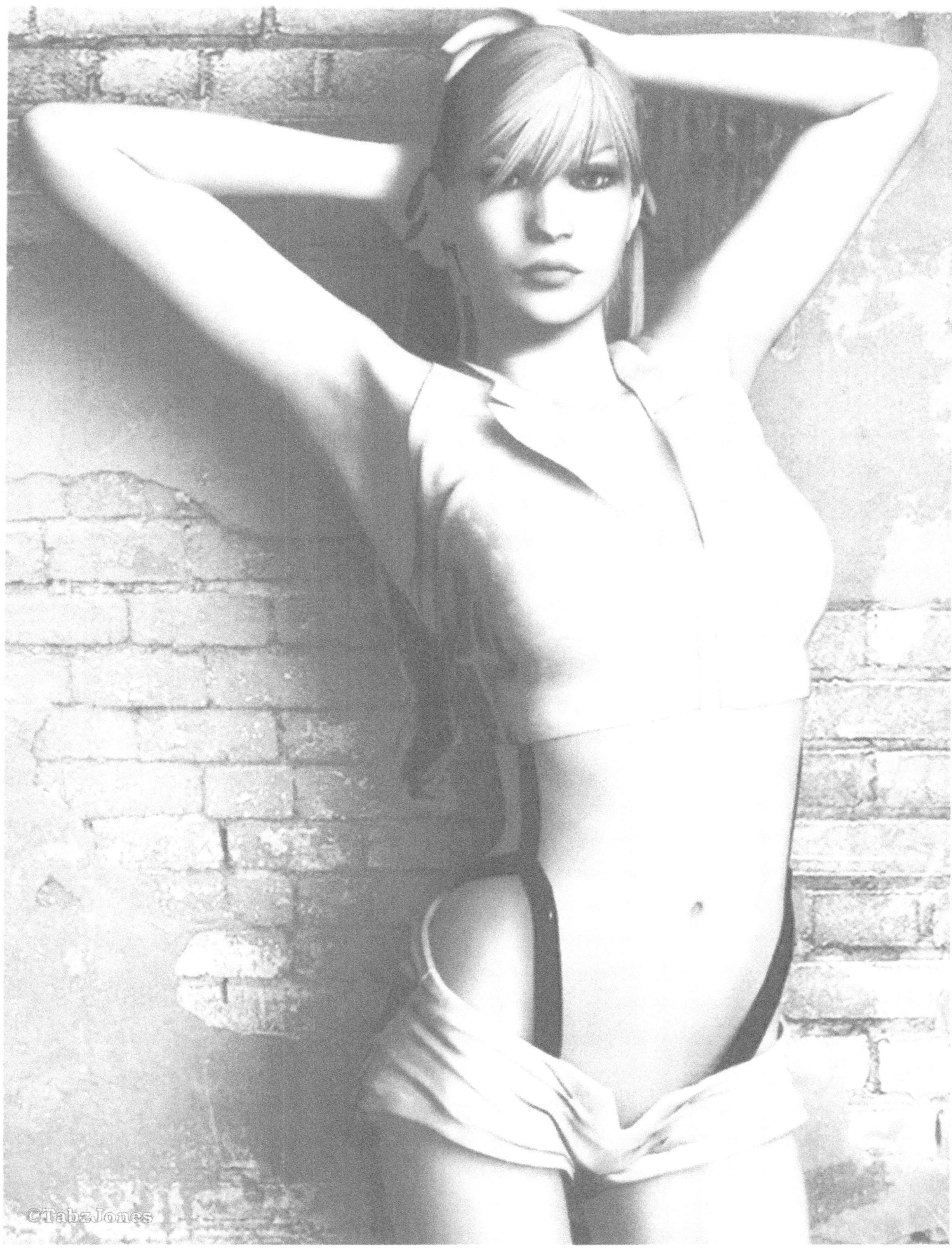

©TabzJones

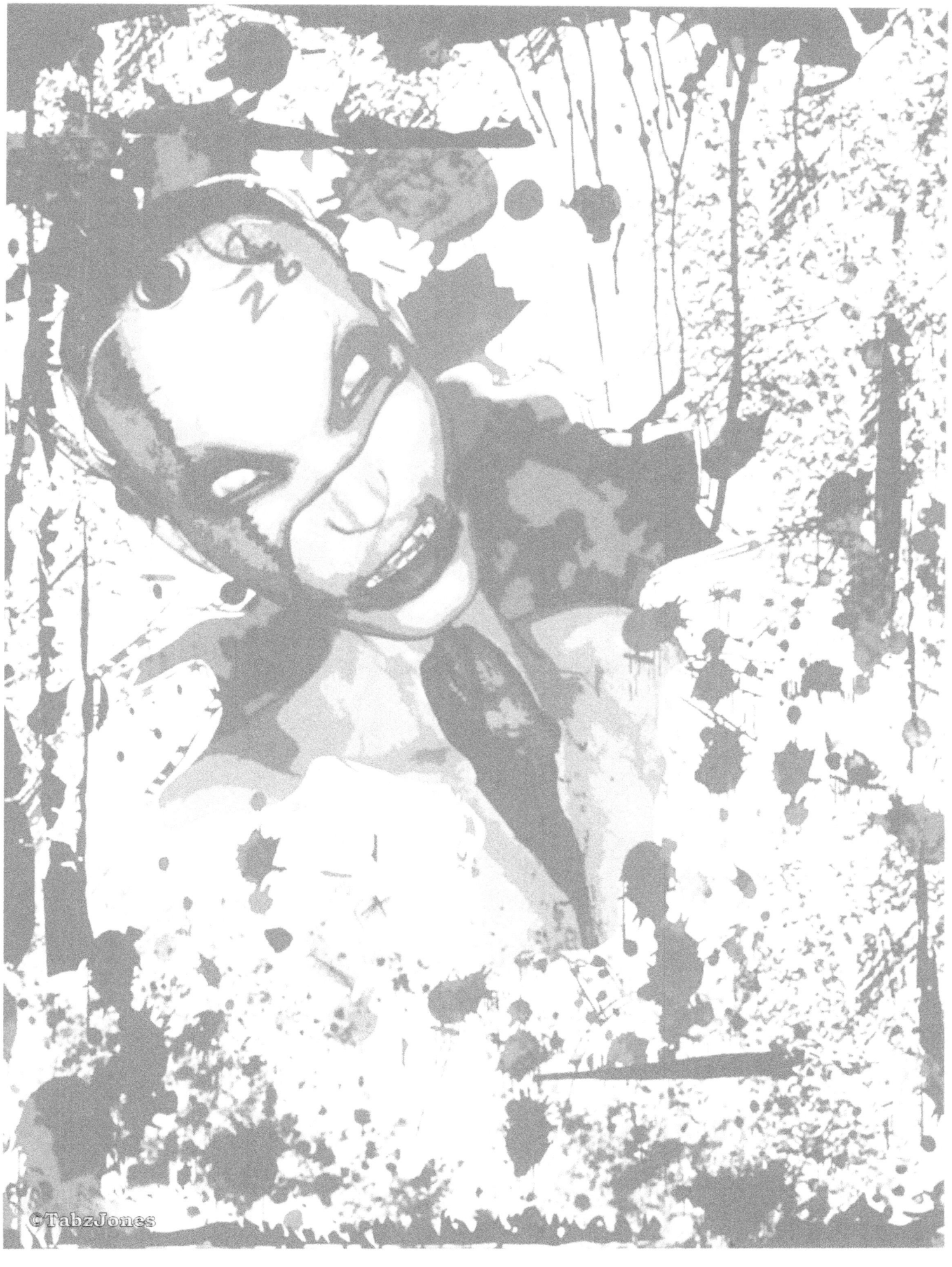

©TabzJones

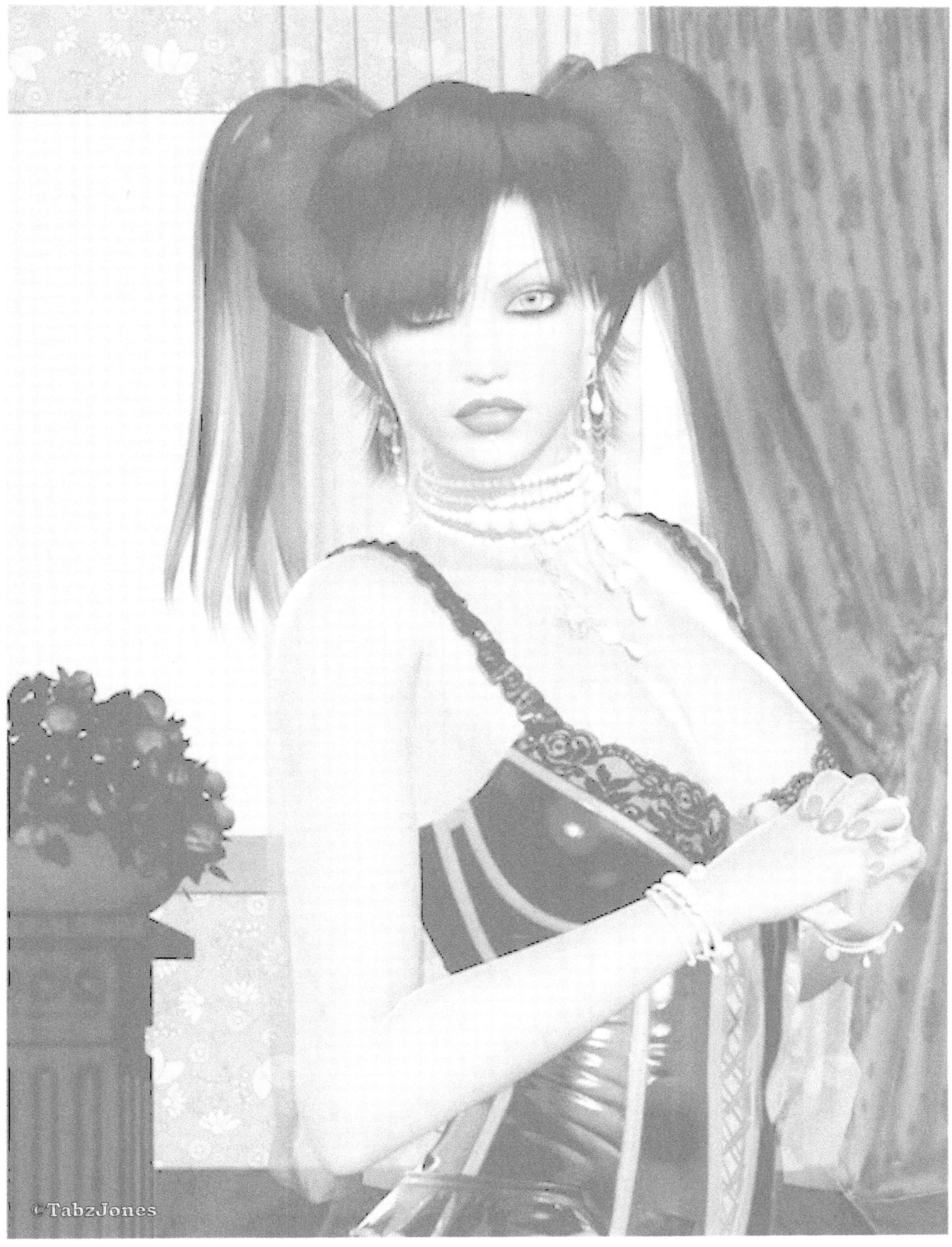

©TabzJones

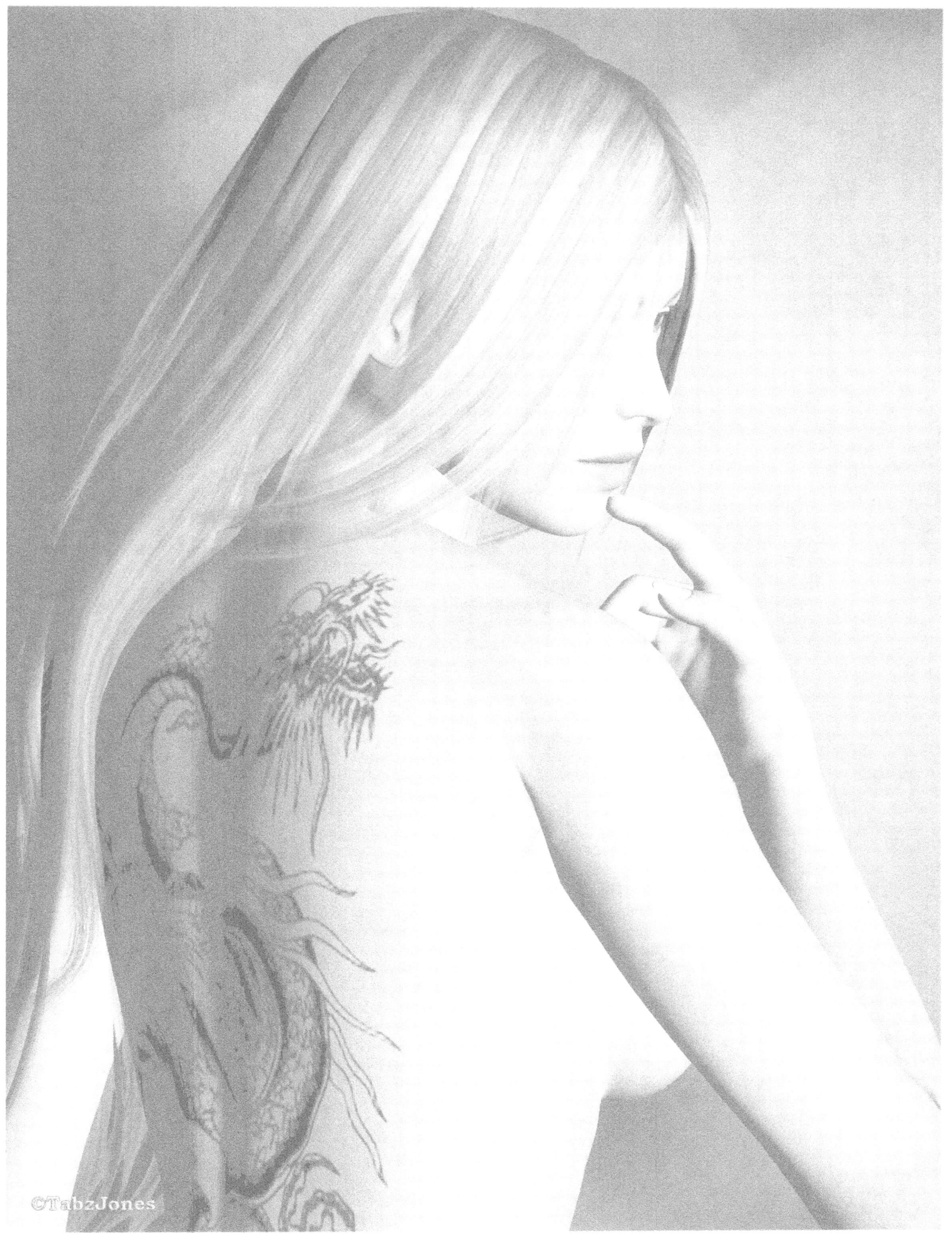

©TabzJones

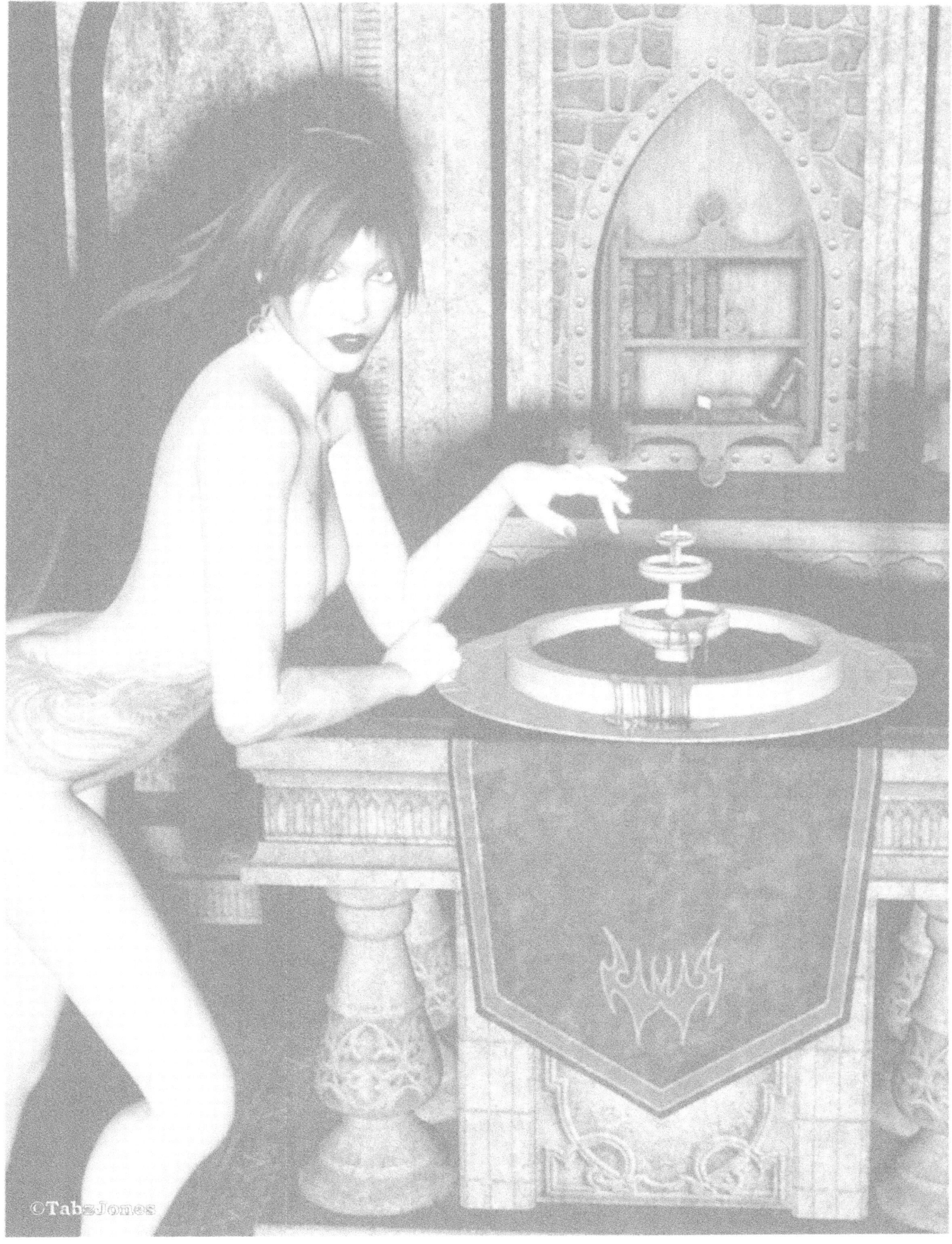
©TabzJones

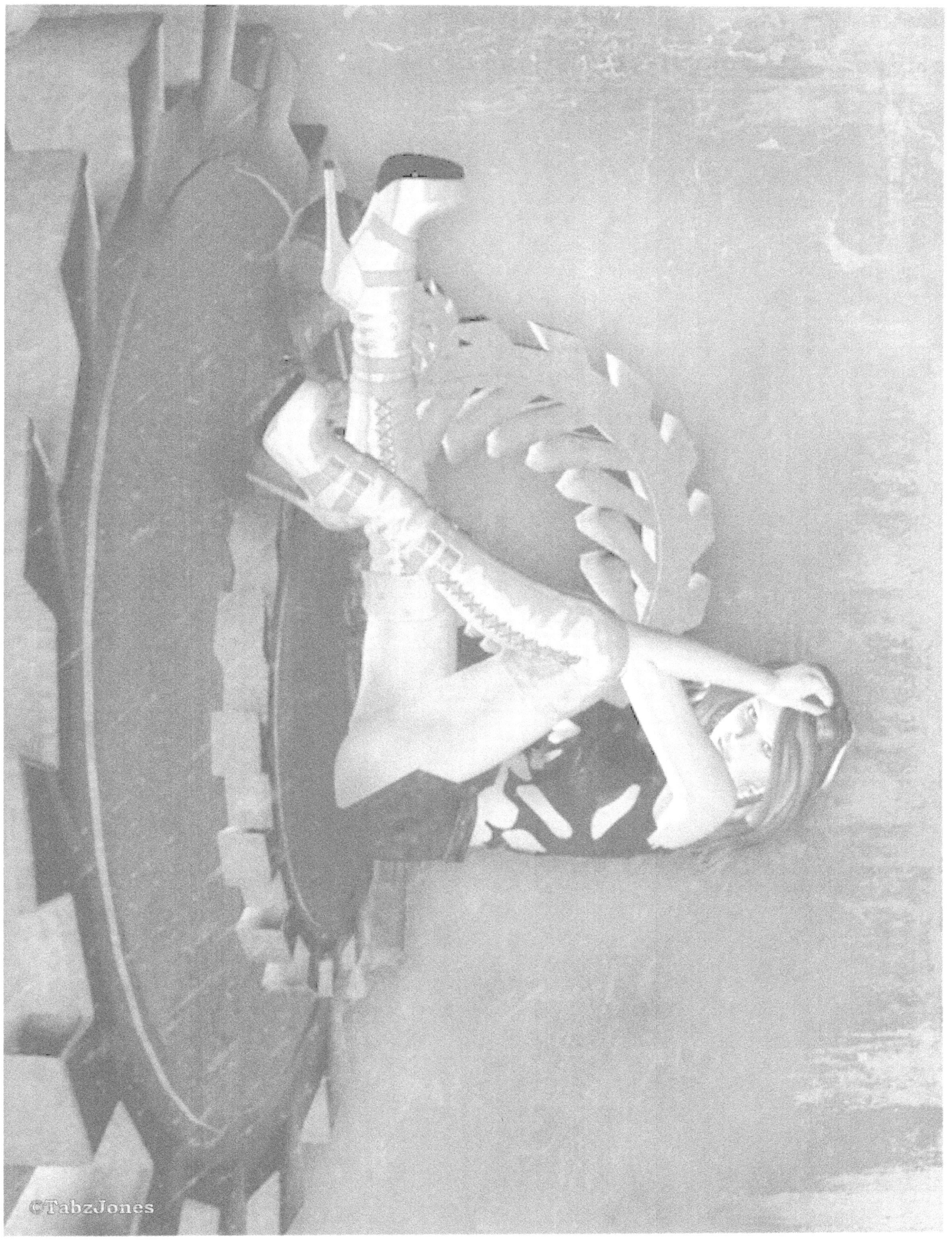

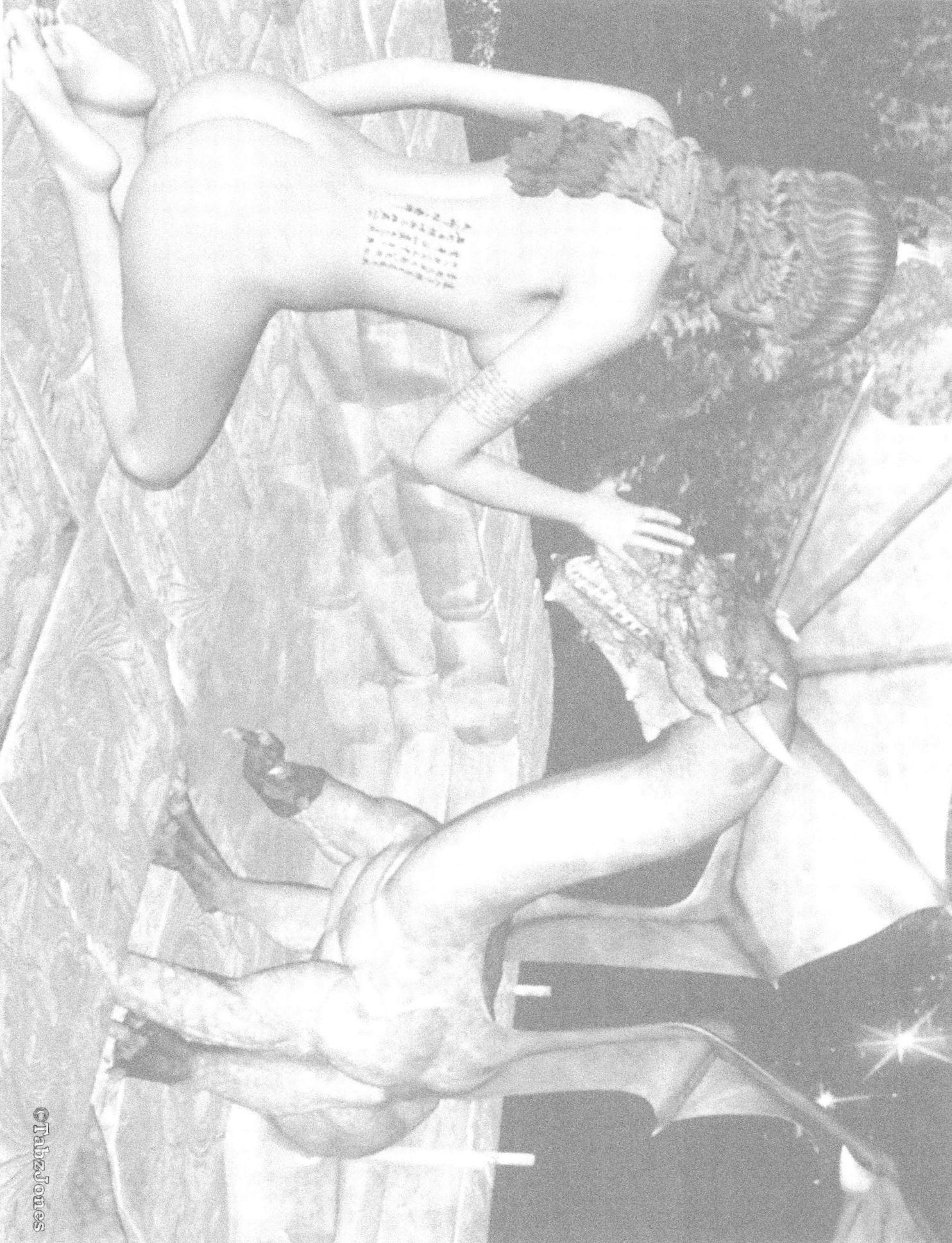

©TabzJones

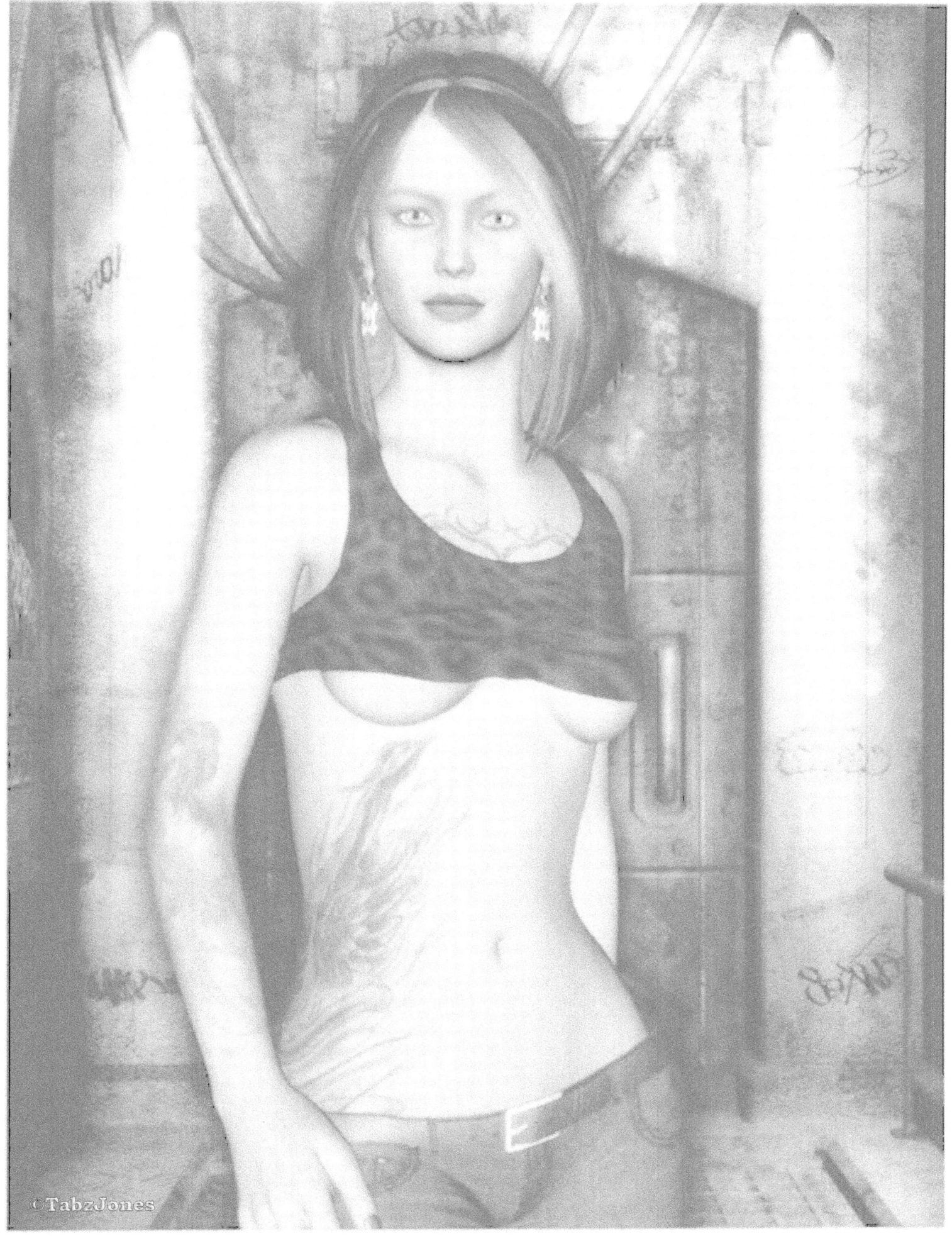

© TabzJones

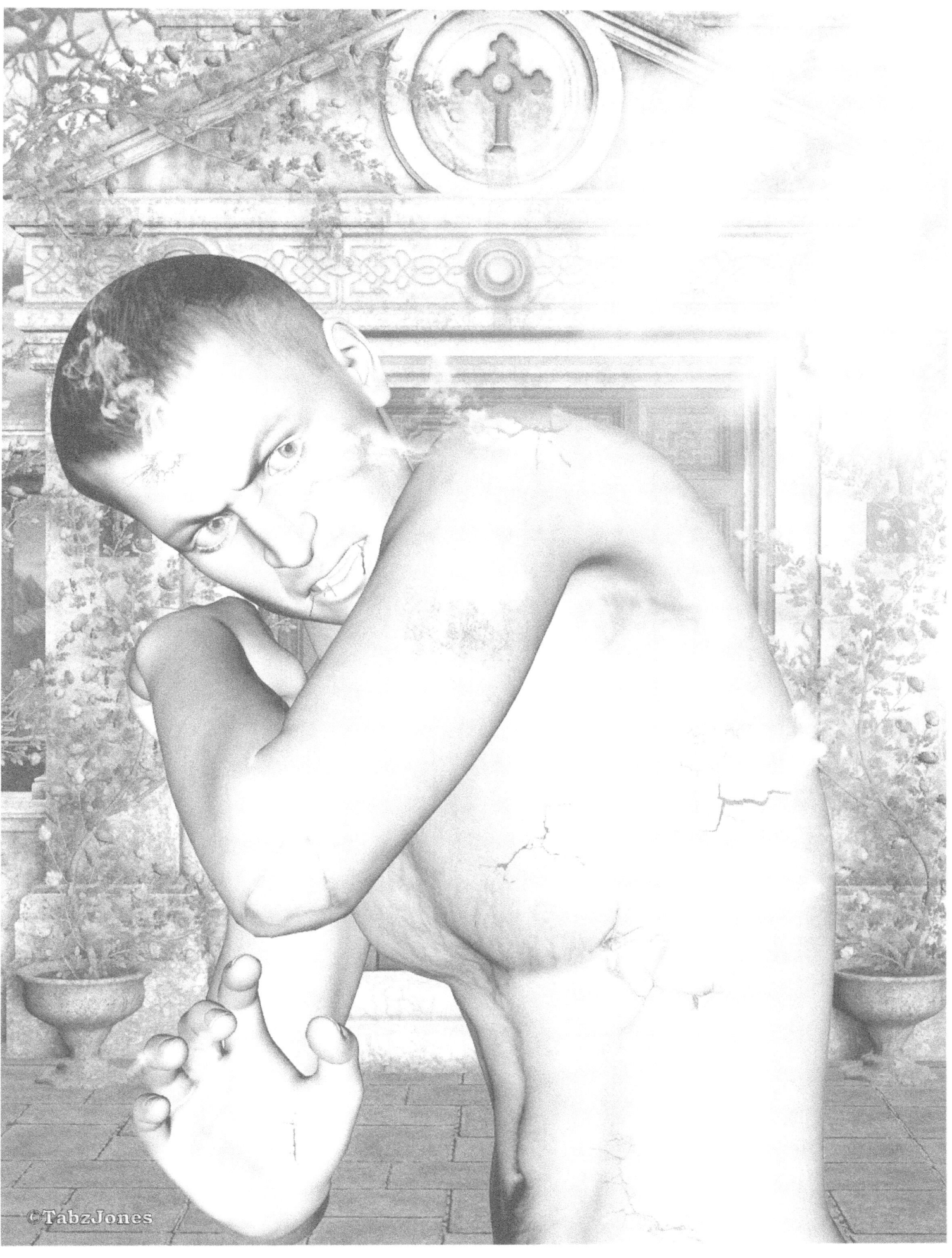

©TabzJones

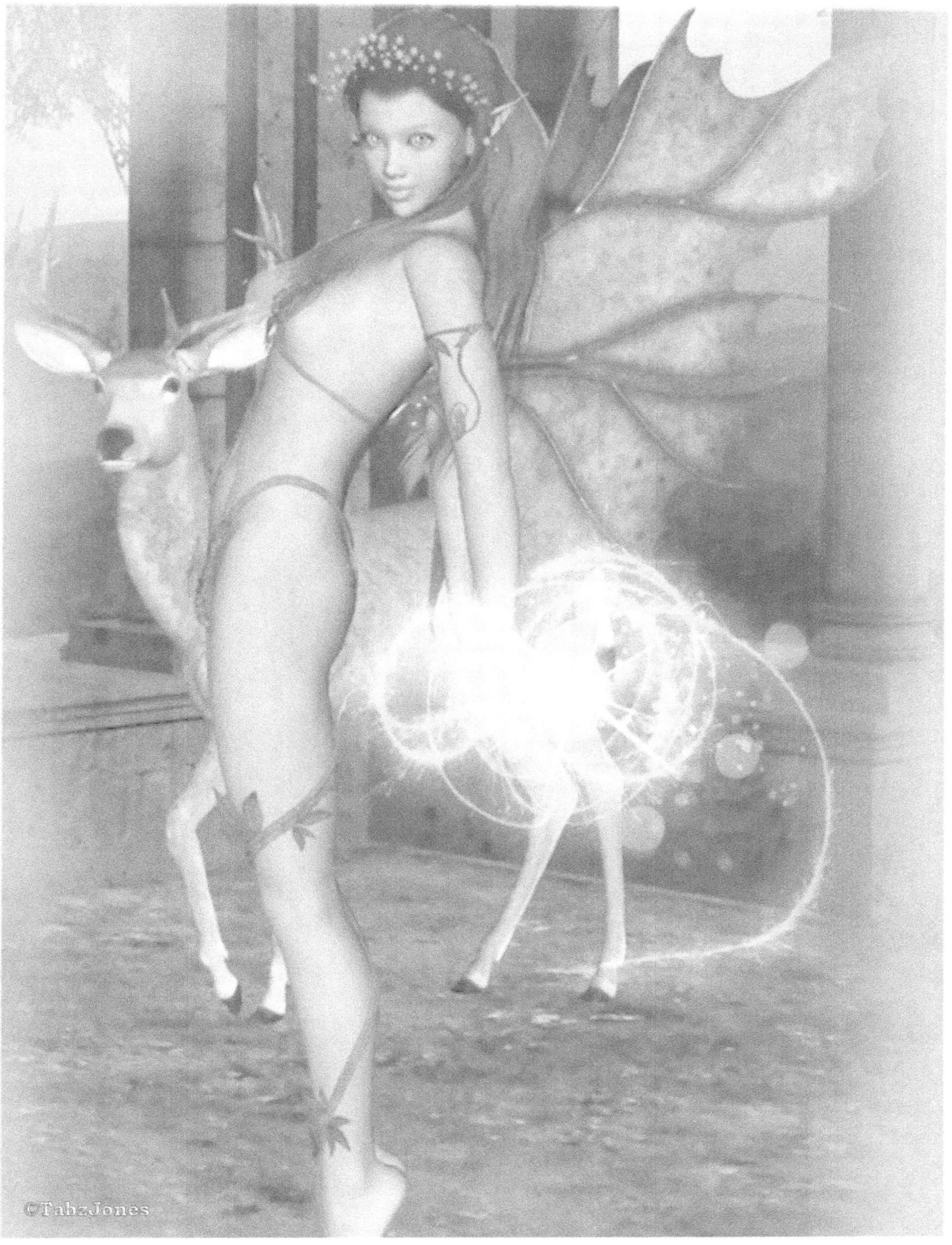

©TabzJones

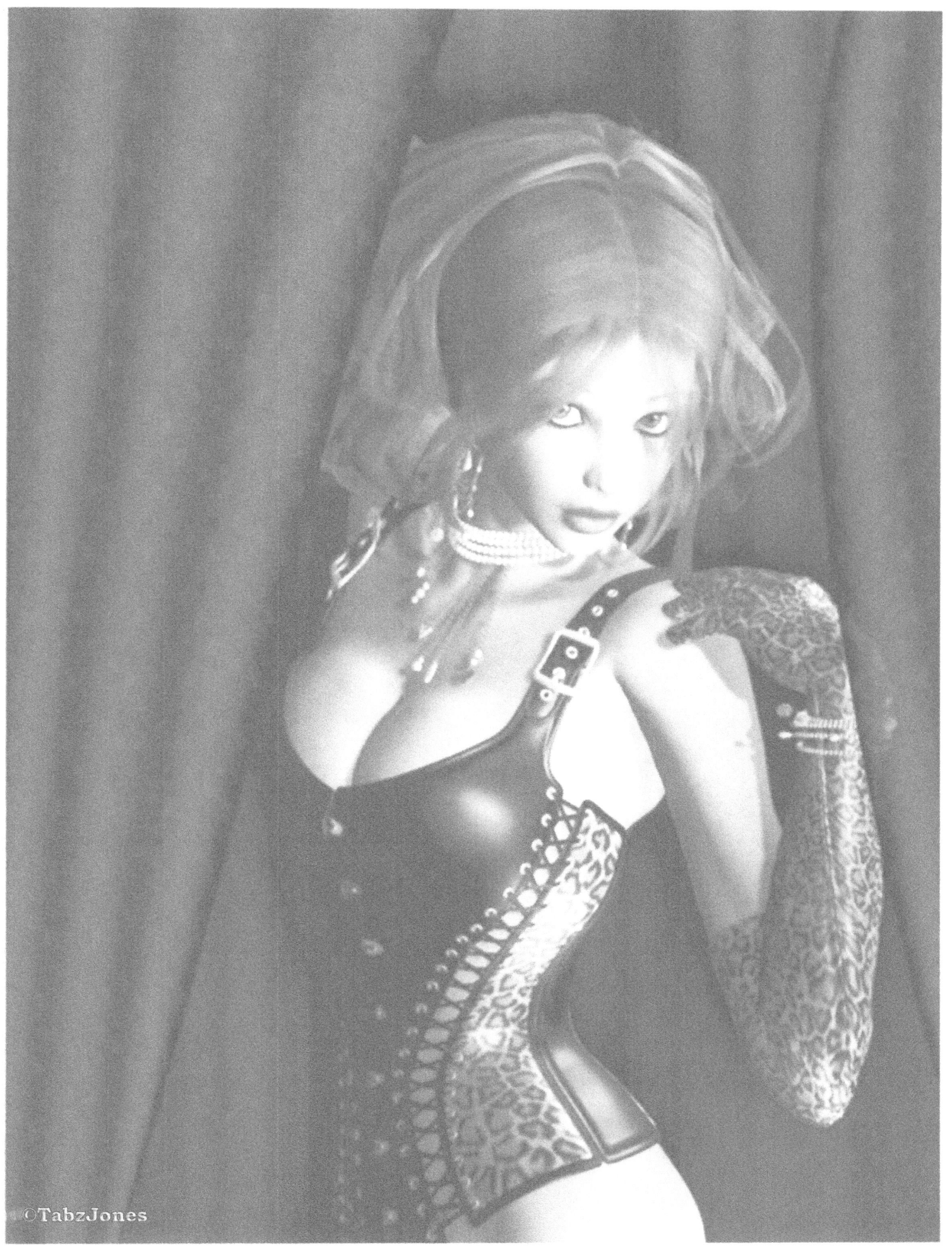

©TabzJones

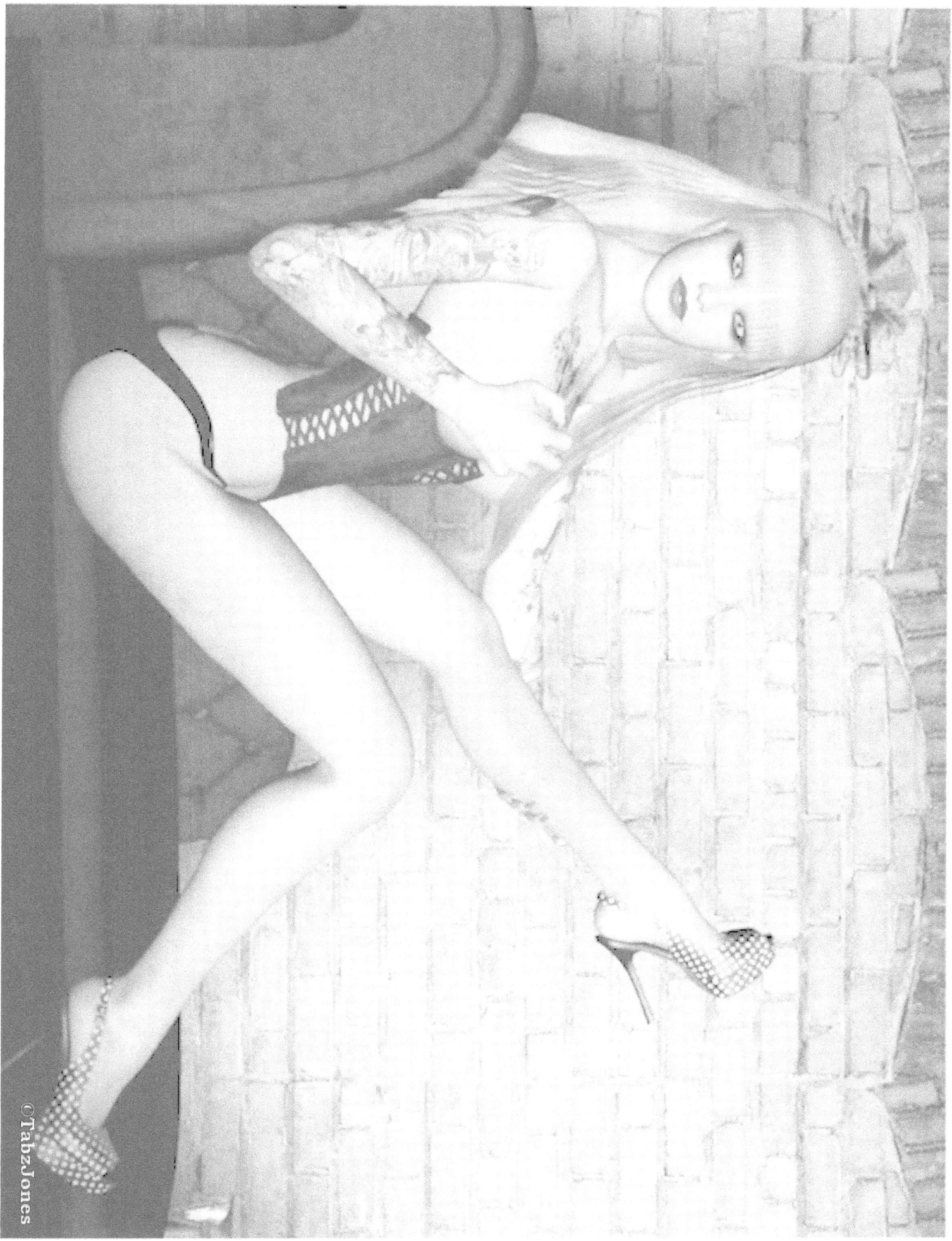

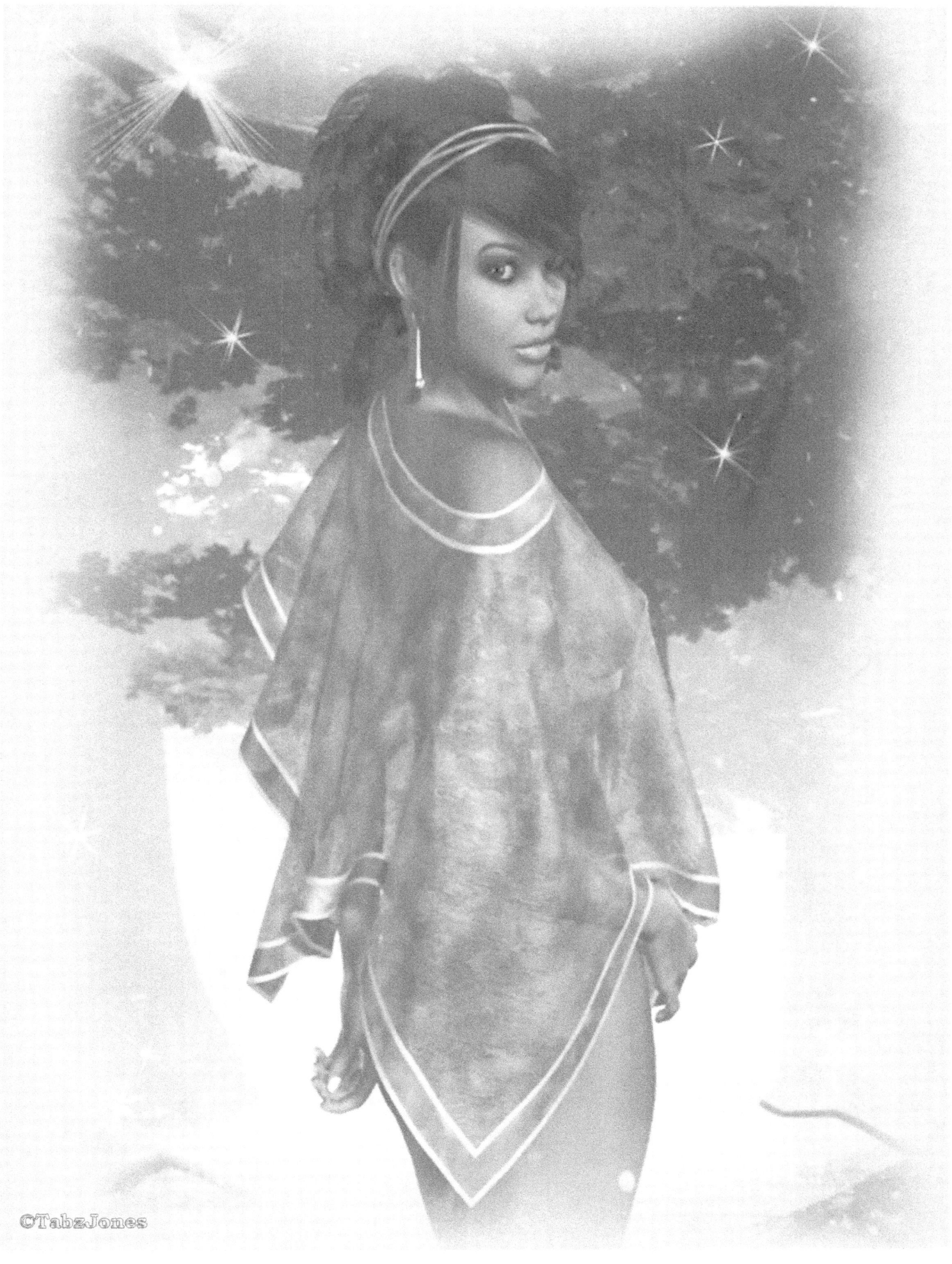

©TabzJones

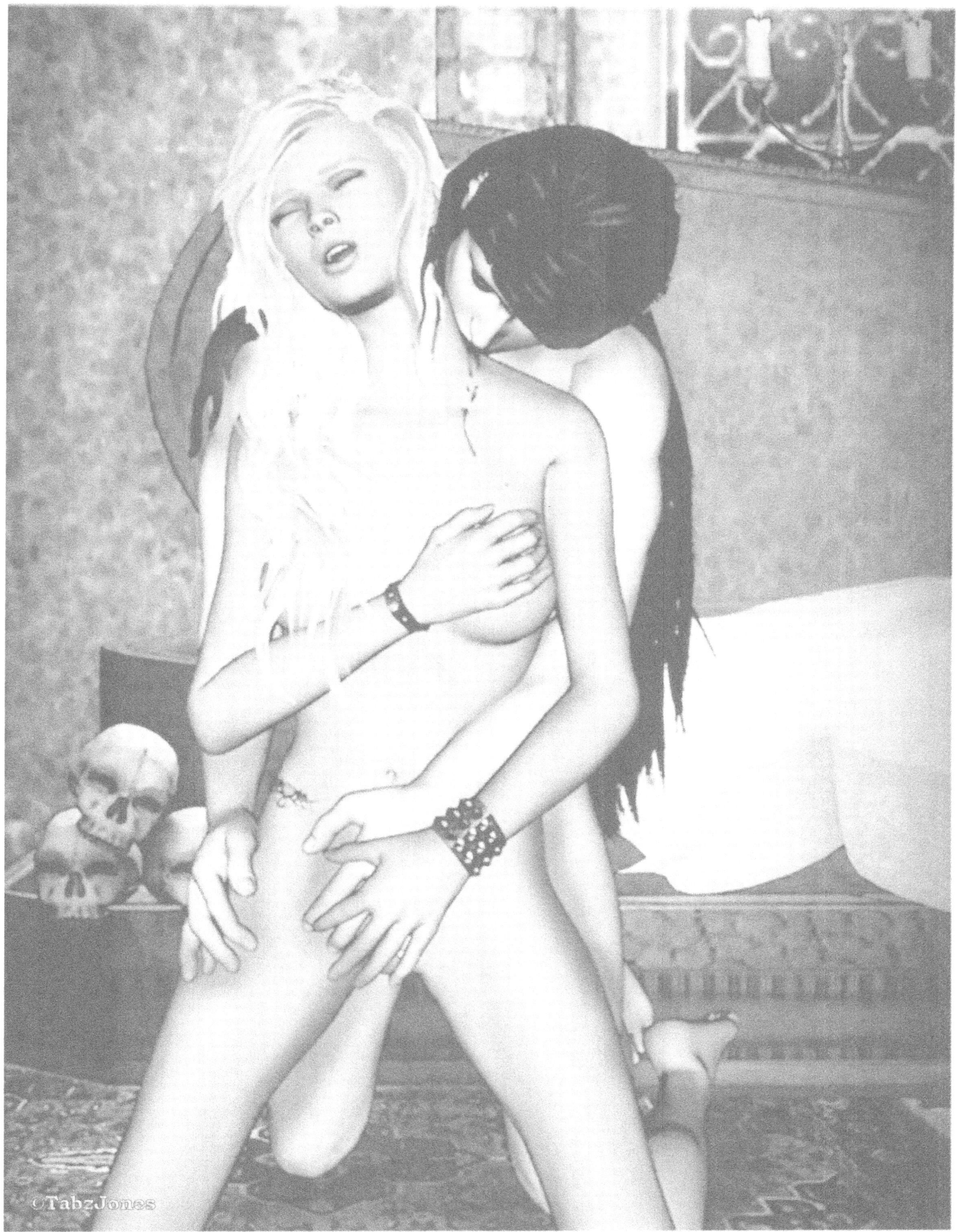

©TabzJones

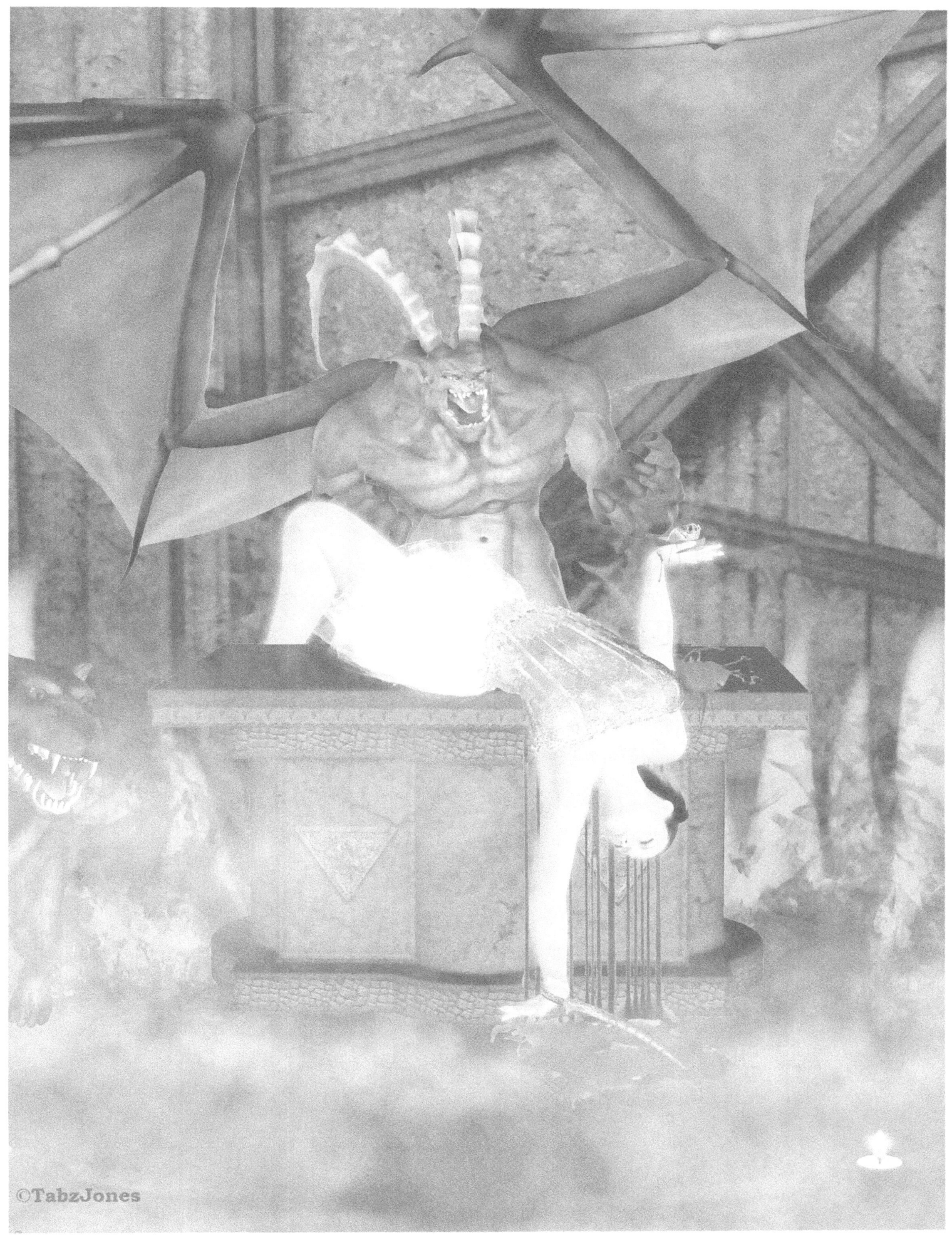

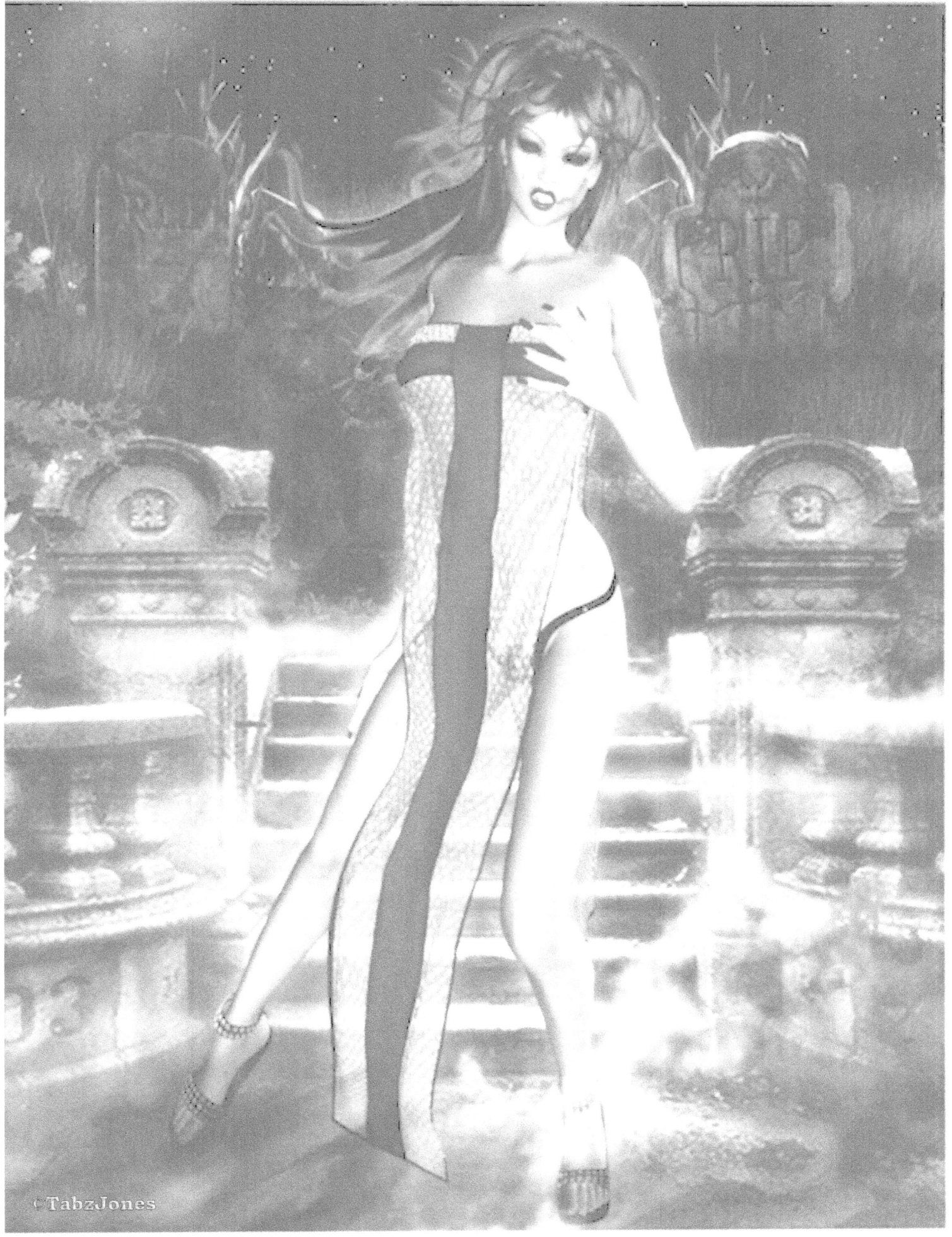

©TabzJones

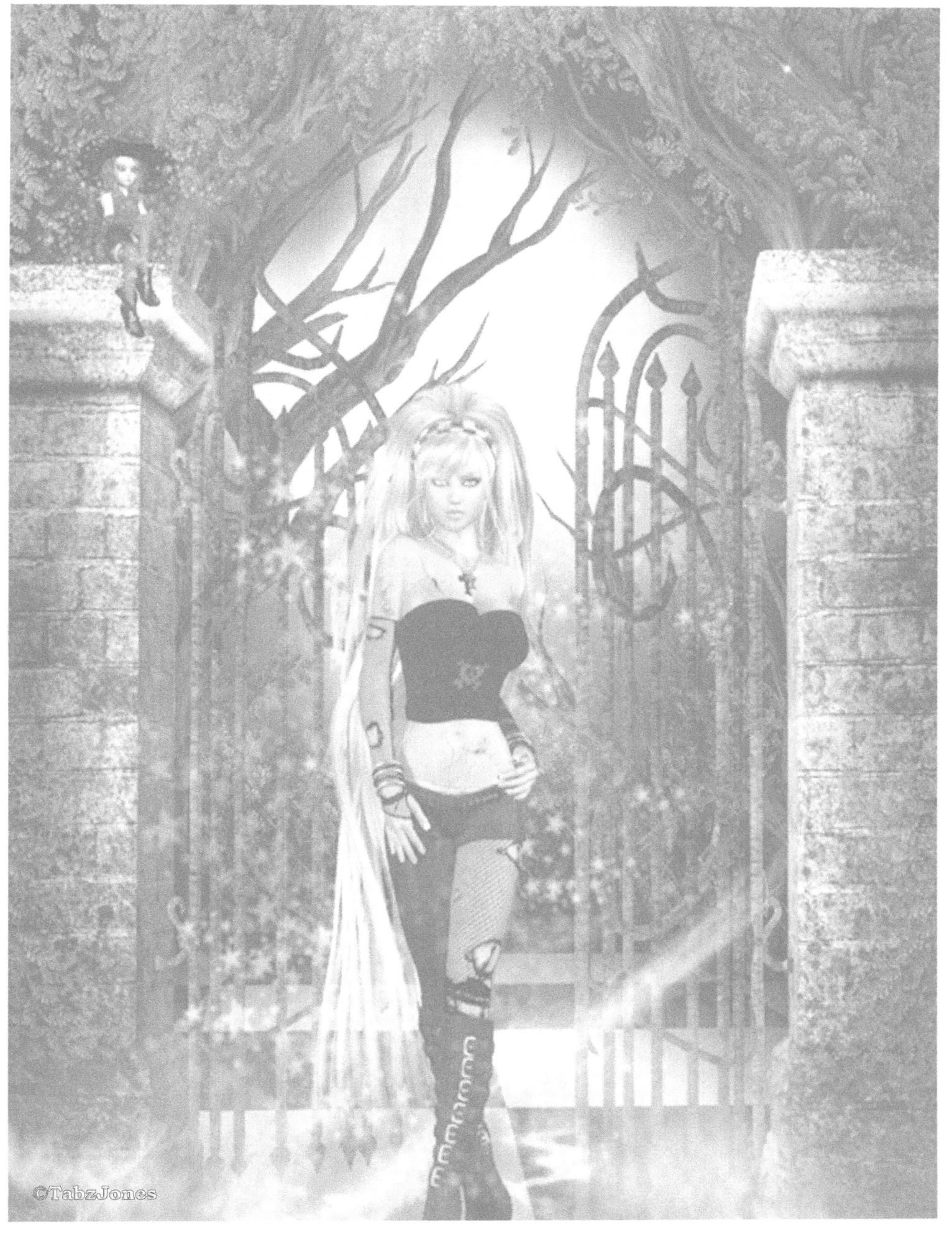

©TabzJones